THIS JOURNAL
BELONGS TO:

COPYRIGHT

INTRO/INSTRUCTIONS

 Take some time to fill out **your kpop story** plus the many **top lists, favorites and question** pages.

Get creative with the many **coloring and quote** pages between each section. Use coloring pages to relax and remove your finished pages to gift, frame or decorate your space! Each of these pages has a solid black background - don't worry about bleed and color and scribble away to your heart's content!

 In the **favorite group** and **favorite solo artist** pages, dive deep into your faves from their bio to your top tracks. Use this as inspiration to find some new groups and artists to follow and then fill in an artist page for them!

Use the **comeback calendar** to keep track of upcoming releases from your favorite artists.

 Use the **album review** pages to dive into your ultimate kpop albums, giving them each a score out of 10.

Use the **current playlist** section to keep track of your top songs at any given time. Print out and stick album covers (or doodle them!) for extra fun details.

 Keep track of the **birthdays and debut anniversaries** of your favorite members and groups so you never miss a special date.

Celebrate the end of year **award** shows by recording your own opinions in each category.

 On the **logo doodle challenge** page, learn to draw the logos of your favorite groups and artists. There are 30 spaces so why not make it a 30 day challenge?

Use the **notes** pages at the end of the book to learn some Korean words and phrases, add to your favorites lists, make a note of artists, videos, dramas, variety shows to check out. Attach photos of your faves or ask you friends to write notes!.

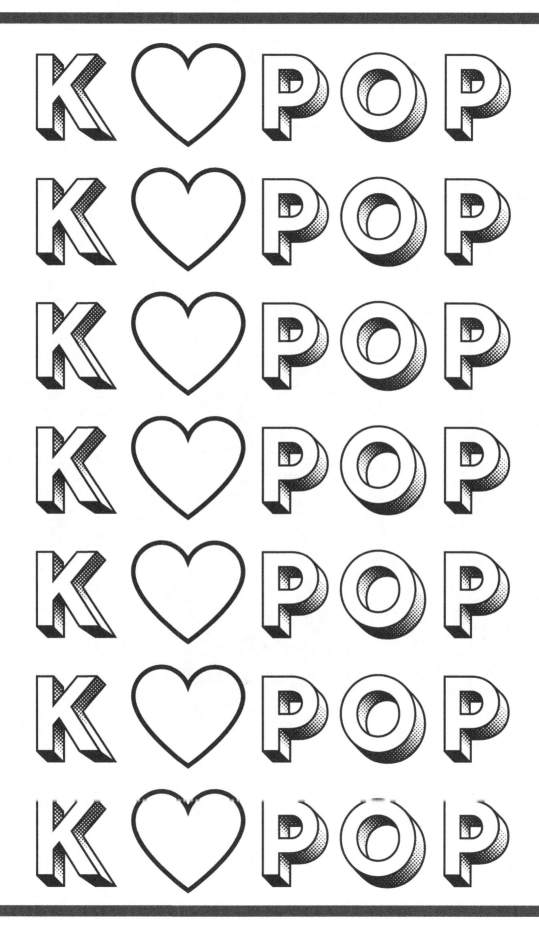

MY KPOP STORY

FAVORITE BOY GROUP:_____

FAVORITE GIRL GROUP:_____

FAVORITE SOLO ARTIST:_____

MY FANDOM:_____

ULTIMATE BIAS:_____

BIAS WRECKER:_____

FAVORITE SONG:_____

FAVORITE ALBUM:_____

FAVORITE CHOREO:_____

FAVORITE MUSIC VIDEO:_____

FIRST CONCERT:_____

MOST RECENT CONCERT:_____

MY INTRO TO KPOP:_____

_____

_____

BEST SONGS BY GENRE

BUBBLEGUM POP:_____

RAP/HIP-HOP:_____

R'N'B:_____

BALLAD:_____

ROCK:_____

CLASSICAL:_____

SYNTH:_____

REGGAE:_____

PUNK:_____

ACOUSTIC:_____

LATIN:_____

METAL:_____

DANCE POP:_____

TROPICAL HOUSE:_____

TOP 3 LISTS

LEADERS

1 _____
2 _____
3 _____

VOCALISTS

1 _____
2 _____
3 _____

DANCERS

1 _____
2 _____
3 _____

VISUALS

1 _____
2 _____
3 _____

COMPANIES

1 _____
2 _____
3 _____

SONGS

1 _____
2 _____
3 _____

MUSIC VIDEOS

1 _____
2 _____
3 _____

LIGHTSTICKS

1 _____
2 _____
3 _____

FANDOM NAMES

1 _____
2 _____
3 _____

CONCEPTS

1 _____
2 _____
3 _____

MY BIAS LIST

	BIAS	GROUP
1		
2		
3		
4		
5		
6		
7		
8		
9		
10		
11		
12		
13		
14		
15		
16		
17		
18		
19		
20		

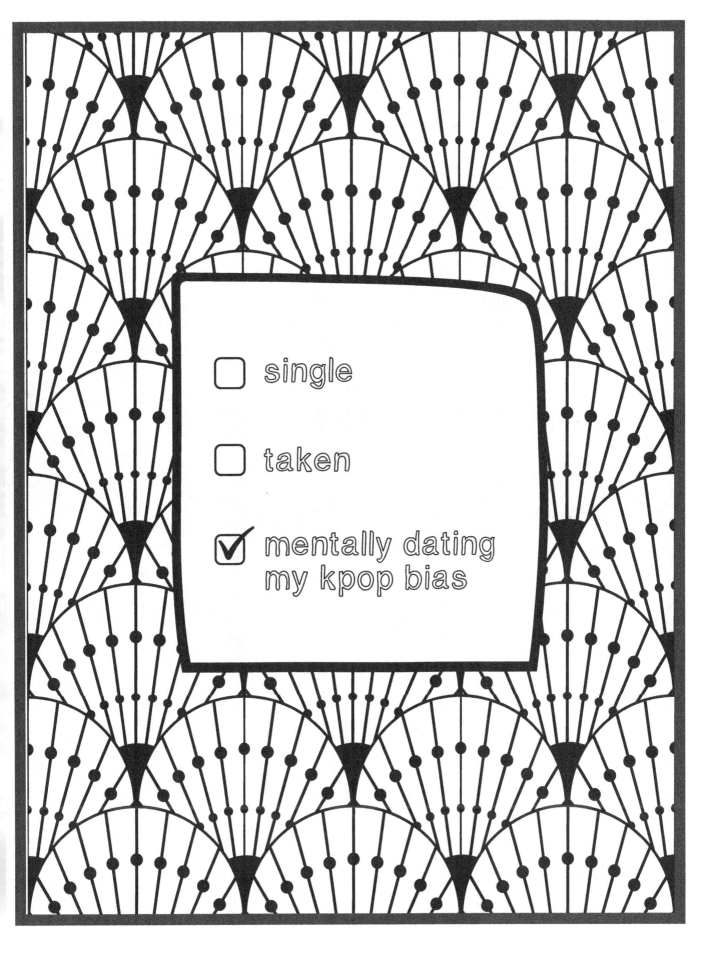

BEST COLLABS

	SONG	ARTISTS
1		
2		
3		
4		
5		
6		
7		
8		
9		
10		
11		
12		
13		
14		
15		
16		
17		
18		
19		
20		

BEST MUSIC VIDEOS

	TITLE	GROUP/ARTIST
1		
2		
3		
4		
5		
6		
7		
8		
9		
10		
11		
12		
13		
14		
15		
16		
17		
18		
19		
20		

BEST PERFORMANCES

	PERFORMANCE	GROUP/ARTIST
1		
2		
3		
4		
5		
6		
7		
8		
9		
10		
11		
12		
13		
14		
15		
16		
17		
18		
19		
20		

BEST CHOREOGRAPHY

	TITLE	GROUP/ARTIST
1		
2		
3		
4		
5		
6		
7		
8		
9		
10		
11		
12		
13		
14		
15		
16		
17		
18		
19		
20		

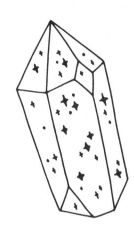

I'D RATHER BE LISTENING TO KPOP

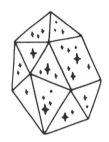

FAVORITE SONGS BY MOOD

WHEN I WANT TO GET HYPED:_____

WHEN I'M FEELING NOSTALGIC:_____

WHEN I'M EXCITED FOR SUMMER:_____

WHEN I'M FEELING DOWN:_____

WHEN I NEED TO DANCE:_____

WHEN I'M ON A ROAD TRIP:_____

WHEN I WANT TO FEEL COSY:_____

WHEN I'M FEELING ANGRY:_____

WHEN IT'S TIME TO PARTY:_____

WHEN I WANT TO BLOCK OUT THE
WORLD:_____

WHEN I WANT TO SING ALONG:_____

WHEN I FEEL FREE:_____

WHEN I FEEL LONELY:_____

WHEN I'M WITH MY FRIENDS:_____

WHEN I'M IN LOVE:_____

WHEN I NEED TO LAUGH:_____

WHEN I'M FEELING LOST:_____

WHEN I'M CELEBRATING:_____

WHEN I WANT TO FEEL CONFIDENT:_____

WHEN IT'S RAINING OUTSIDE:_____

WHEN I NEED TO CRY:_____

WHEN I WANT TO JUMP ON MY BED:_____

WHEN I'M FEELING SILLY:_____

WHEN I'M WORKING OUT:_____

WHEN I'M DRIVING:_____

WHEN I'M GOING ON VACATION:_____

WHEN I WANT TO STEP BACK IN
TIME:_____

WHEN I WANT TO FEEL POSITIVE:_____

GLOSSARY

IDOL a successfully debuted kpop performer

MAKNAE the youngest member of an idol group

FANCHANT specific phrases that fans chant during each song of a live performance

LIGHTSTICK wands that fans hold up during a concert or performance which light up in the artist's official color

FANCAFE an official virtual community where fans can interact with each other and the artist

FIGHTING a korean cheering phrase meaning "let's do it!" or "good luck!"

OPPA term for older brother or older male that a female is close to

NOONA term for older sister or older female that a male is close to

COMEBACK an official release of a song or album, usually with a new concept or theme

SELCA selfie

SNS social media site

HOOBAE a junior in the industry

SUNBAE a senior in the industry

HYUNG term for older brother or older male that a male is close to

UNNIE term for older sister or older female that a female is close to

ROOKIE a newly debuted artist or group, generally in their first year of activity

NUGU a new and relatively unknown group or artist

AEGYO acting innocent and cute

CONCEPT the overall theme of a new release from visuals and performance to music

SUB-UNIT a smaller group of members from an existing group that may release their own music or content

SPECIAL STAGE a performance of a song that is not being promoted or a cover performance

GOODBYE STAGE the last performance in a round of promotions for a particular song on a korean music show

GAYO an end of year special televised festival with special performances by various artists

FANCAM video of a live performance that is focused on a particular member of a group

HALLYU korean term for the korean wave, the flow of korean media across the globe

VISUAL the member of a group that is considered the most attractive by korean beauty standards

ALL-KILL a song that tops all major korean charts

ANTI an anti fan of an artist or group

BIAS a fan's favorite member of a group

BIAS WRECKER a member that makes a fan question their devotion to their actual bias

NETIZEN a korean internet community member, usually very opinionated

FAVORITE GROUPS

GROUP:

COMPANY: _____

DEBUT DATE: _____

DEBUT SONG: _____

FANDOM: _____

LATEST
COMEBACK: _____

MEMBERS: _____

_____

_____

_____

_____

_____

_____

LOGO

LIGHTSTICK

MY RANKINGS:

SONGS

1 _____

2 _____

3 _____

ALBUMS

1 _____

2 _____

3 _____

MUSIC VIDEOS

1 _____

2 _____

3 _____

BIAS LIST

1 _____

2 _____

3 _____

FAVORITE LYRIC: _____

NOTES/FACTS/DOODLES:

GROUP:

COMPANY: _____

DEBUT DATE: _____

DEBUT SONG: _____

FANDOM: _____

LATEST
COMEBACK: _____

MEMBERS: _____
_____
_____
_____
_____
_____
_____

LOGO

LIGHTSTICK

MY RANKINGS:

SONGS

1 _____
2 _____
3 _____

ALBUMS

1 _____
2 _____
3 _____

MUSIC VIDEOS

1 _____
2 _____
3 _____

BIAS LIST

1 _____
2 _____
3 _____

FAVORITE LYRIC: _____

NOTES/FACTS/DOODLES:

GROUP:

COMPANY: _____

DEBUT DATE: _____

DEBUT SONG: _____

FANDOM: _____

LATEST
COMEBACK: _____

MEMBERS: _____
_____
_____
_____
_____
_____
_____

LOGO

LIGHTSTICK

MY RANKINGS:

SONGS

1 _____
2 _____
3 _____

ALBUMS

1 _____
2 _____
3 _____

MUSIC VIDEOS

1 _____
2 _____
3 _____

BIAS LIST

1 _____
2 _____
3 _____

FAVORITE LYRIC: _____

NOTES/FACTS/DOODLES:

GROUP:

COMPANY: _____

DEBUT DATE: _____

DEBUT SONG: _____

FANDOM: _____

LATEST
COMEBACK: _____

MEMBERS: _____
_____
_____
_____
_____
_____
_____

LOGO

LIGHTSTICK

MY RANKINGS:

SONGS

1 _____
2 _____
3 _____

ALBUMS

1 _____
2 _____
3 _____

MUSIC VIDEOS

1 _____
2 _____
3 _____

BIAS LIST

1 _____
2 _____
3 _____

FAVORITE LYRIC: _____

NOTES/FACTS/DOODLES:

GROUP:

COMPANY: _____

DEBUT DATE: _____

DEBUT SONG: _____

FANDOM: _____

LATEST
COMEBACK: _____

MEMBERS: _____

_____

_____

_____

_____

_____

_____

LOGO

LIGHTSTICK

MY RANKINGS:

SONGS

1 _____

2 _____

3 _____

ALBUMS

1 _____

2 _____

3 _____

MUSIC VIDEOS

1 _____

2 _____

3 _____

BIAS LIST

1 _____

2 _____

3 _____

FAVORITE LYRIC: _____

NOTES/FACTS/DOODLES:

GROUP:

COMPANY: _____

DEBUT DATE: _____

DEBUT SONG: _____

FANDOM: _____

LATEST
COMEBACK: _____

LOGO

MEMBERS:
_____
_____
_____
_____
_____
_____
_____

LIGHTSTICK

MY RANKINGS:

SONGS

1 _____
2 _____
3 _____

ALBUMS

1 _____
2 _____
3 _____

MUSIC VIDEOS

1 _____
2 _____
3 _____

BIAS LIST

1 _____
2 _____
3 _____

FAVORITE LYRIC: _____

NOTES/FACTS/DOODLES:

GROUP:

COMPANY: _____

DEBUT DATE: _____

DEBUT SONG: _____

FANDOM: _____

LATEST
COMEBACK: _____

MEMBERS: _____

_____

_____

_____

_____

_____

_____

LOGO

LIGHTSTICK

MY RANKINGS:

SONGS

1 _____

2 _____

3 _____

ALBUMS

1 _____

2 _____

3 _____

MUSIC VIDEOS

1 _____

2 _____

3 _____

BIAS LIST

1 _____

2 _____

3 _____

FAVORITE LYRIC: _____

NOTES/FACTS/DOODLES:

GROUP:

COMPANY: _____

DEBUT DATE: _____

DEBUT SONG: _____

FANDOM: _____

LATEST
COMEBACK: _____

MEMBERS: _____

_____

_____

_____

_____

_____

LOGO

LIGHTSTICK

MY RANKINGS:

SONGS

1 _____

2 _____

3 _____

ALBUMS

1 _____

2 _____

3 _____

MUSIC VIDEOS

1 _____

2 _____

3 _____

BIAS LIST

1 _____

2 _____

3 _____

FAVORITE LYRIC: _____

NOTES/FACTS/DOODLES:

GROUP:

COMPANY: _____

DEBUT DATE: _____

DEBUT SONG: _____

FANDOM: _____

LATEST
COMEBACK: _____

MEMBERS: _____
_____
_____
_____
_____
_____
_____

LOGO

LIGHTSTICK

MY RANKINGS:

SONGS

1 _____
2 _____
3 _____

ALBUMS

1 _____
2 _____
3 _____

MUSIC VIDEOS

1 _____
2 _____
3 _____

BIAS LIST

1 _____
2 _____
3 _____

FAVORITE LYRIC: _____

NOTES/FACTS/DOODLES:

GROUP:

COMPANY: _____

DEBUT DATE: _____

DEBUT SONG: _____

FANDOM: _____

LATEST
COMEBACK: _____

MEMBERS: _____
_____
_____
_____
_____
_____
_____

LOGO

LIGHTSTICK

MY RANKINGS:

SONGS

1 _____

2 _____

3 _____

ALBUMS

1 _____

2 _____

3 _____

MUSIC VIDEOS

1 _____

2 _____

3 _____

BIAS LIST

1 _____

2 _____

3 _____

FAVORITE LYRIC: _____

NOTES/FACTS/DOODLES:

GROUP:

COMPANY: _____

DEBUT DATE: _____

DEBUT SONG: _____

FANDOM: _____

LATEST
COMEBACK: _____

MEMBERS: _____
_____
_____
_____
_____
_____
_____

LOGO

LIGHTSTICK

MY RANKINGS:

SONGS

1 _____

2 _____

3 _____

ALBUMS

1 _____

2 _____

3 _____

MUSIC VIDEOS

1 _____

2 _____

3 _____

BIAS LIST

1 _____

2 _____

3 _____

FAVORITE LYRIC: _____

NOTES/FACTS/DOODLES:

GROUP:

COMPANY: _____

DEBUT DATE: _____

DEBUT SONG: _____

FANDOM: _____

LATEST
COMEBACK: _____

MEMBERS:
_____
_____
_____
_____
_____
_____

LOGO

LIGHTSTICK

MY RANKINGS:

SONGS

1 _____
2 _____
3 _____

MUSIC VIDEOS

1 _____
2 _____
3 _____

ALBUMS

1 _____
2 _____
3 _____

BIAS LIST

1 _____
2 _____
3 _____

FAVORITE LYRIC: _____

NOTES/FACTS/DOODLES:

GROUP:

COMPANY: _____

DEBUT DATE: _____

DEBUT SONG: _____

FANDOM: _____

LATEST
COMEBACK: _____

MEMBERS: _____
_____
_____
_____
_____
_____
_____

LOGO

LIGHTSTICK

MY RANKINGS:

SONGS

1 _____

2 _____

3 _____

ALBUMS

1 _____

2 _____

3 _____

MUSIC VIDEOS

1 _____

2 _____

3 _____

BIAS LIST

1 _____

2 _____

3 _____

FAVORITE LYRIC: _____

NOTES/FACTS/DOODLES:

GROUP:

COMPANY: _____

DEBUT DATE: _____

DEBUT SONG: _____

FANDOM: _____

LATEST
COMEBACK: _____

MEMBERS: _____
_____
_____
_____
_____
_____
_____

LOGO

LIGHTSTICK

MY RANKINGS:

SONGS

1 _____
2 _____
3 _____

ALBUMS

1 _____
2 _____
3 _____

MUSIC VIDEOS

1 _____
2 _____
3 _____

BIAS LIST

1 _____
2 _____
3 _____

FAVORITE LYRIC: _____

NOTES/FACTS/DOODLES:

GROUP:

COMPANY: _____

DEBUT DATE: _____

DEBUT SONG: _____

FANDOM: _____

LATEST
COMEBACK: _____

MEMBERS: _____
_____
_____
_____
_____
_____
_____

LOGO

LIGHTSTICK

MY RANKINGS:

SONGS

1 _____
2 _____
3 _____

ALBUMS

1 _____
2 _____
3 _____

MUSIC VIDEOS

1 _____
2 _____
3 _____

BIAS LIST

1 _____
2 _____
3 _____

FAVORITE LYRIC: _____

NOTES/FACTS/DOODLES:

GROUP:

COMPANY: _____

DEBUT DATE: _____

DEBUT SONG: _____

FANDOM: _____

LATEST
COMEBACK: _____

MEMBERS: _____
_____
_____
_____
_____
_____
_____

LOGO

LIGHTSTICK

MY RANKINGS:

SONGS

1 _____
2 _____
3 _____

ALBUMS

1 _____
2 _____
3 _____

MUSIC VIDEOS

1 _____
2 _____
3 _____

BIAS LIST

1 _____
2 _____
3 _____

FAVORITE LYRIC: _____

NOTES/FACTS/DOODLES:

GROUP:

COMPANY: _____

DEBUT DATE: _____

DEBUT SONG: _____

FANDOM: _____

LATEST
COMEBACK: _____

MEMBERS: _____
_____
_____
_____
_____
_____
_____

LOGO

LIGHTSTICK

MY RANKINGS:

SONGS

1 _____

2 _____

3 _____

MUSIC VIDEOS

1 _____

2 _____

3 _____

ALBUMS

1 _____

2 _____

3 _____

BIAS LIST

1 _____

2 _____

3 _____

FAVORITE LYRIC: _____

NOTES/FACTS/DOODLES:

GROUP:

COMPANY: _____

DEBUT DATE: _____

DEBUT SONG: _____

FANDOM: _____

LATEST
COMEBACK: _____

MEMBERS: _____
_____
_____
_____
_____
_____
_____

LOGO

LIGHTSTICK

MY RANKINGS:

SONGS

1 _____
2 _____
3 _____

ALBUMS

1 _____
2 _____
3 _____

MUSIC VIDEOS

1 _____
2 _____
3 _____

BIAS LIST

1 _____
2 _____
3 _____

FAVORITE LYRIC: _____

NOTES/FACTS/DOODLES:

GROUP:

COMPANY: _____

DEBUT DATE: _____

DEBUT SONG: _____

FANDOM: _____

LATEST
COMEBACK: _____

LOGO

MEMBERS: _____
_____
_____
_____
_____
_____
_____

LIGHTSTICK

MY RANKINGS:

SONGS

1 _____
2 _____
3 _____

ALBUMS

1 _____
2 _____
3 _____

MUSIC VIDEOS

1 _____
2 _____
3 _____

BIAS LIST

1 _____
2 _____
3 _____

FAVORITE LYRIC: _____

NOTES/FACTS/DOODLES:

GROUP:

COMPANY: _____

DEBUT DATE: _____

DEBUT SONG: _____

FANDOM: _____

LATEST
COMEBACK: _____

MEMBERS: _____

_____

_____

_____

_____

_____

_____

LOGO

LIGHTSTICK

MY RANKINGS:

SONGS

1 _____
2 _____
3 _____

ALBUMS

1 _____
2 _____
3 _____

MUSIC VIDEOS

1 _____
2 _____
3 _____

BIAS LIST

1 _____
2 _____
3 _____

FAVORITE LYRIC: _____

NOTES/FACTS/DOODLES:

FAVORITE SOLO ARTISTS

ARTIST: _____

COMPANY: _____
DEBUT DATE: _____
DEBUT SONG: _____
FANDOM: _____
LATEST
COMEBACK: _____
BIRTHDAY: _____
ZODIAC SIGN: _____
NATIONALITY: _____
COLLABS: _____
_____
_____
_____

LOGO

LIGHTSTICK

MY RANKINGS:

SONGS
1 _____
2 _____
3 _____

ALBUMS
1 _____
2 _____
3 _____

MUSIC VIDEOS
1 _____
2 _____
3 _____

COLLABS
1 _____
2 _____
3 _____

FAVORITE LYRIC: _____

NOTES/FACTS/DOODLES:

ARTIST:

COMPANY: _____
DEBUT DATE: _____
DEBUT SONG: _____
FANDOM: _____
LATEST
COMEBACK: _____
BIRTHDAY: _____
ZODIAC SIGN: _____
NATIONALITY: _____
COLLABS: _____
_____
_____
_____

LOGO

LIGHTSTICK

MY RANKINGS:

SONGS
1 _____
2 _____
3 _____

ALBUMS
1 _____
2 _____
3 _____

MUSIC VIDEOS
1 _____
2 _____
3 _____

COLLABS
1 _____
2 _____
3 _____

FAVORITE LYRIC: _____

NOTES/FACTS/DOODLES:

ARTIST: _____

COMPANY: _____

DEBUT DATE: _____

DEBUT SONG: _____

FANDOM: _____

LATEST
COMEBACK: _____

BIRTHDAY: _____

ZODIAC SIGN: _____

NATIONALITY: _____

COLLABS: _____
_____
_____
_____
_____

LOGO

LIGHTSTICK

MY RANKINGS:

SONGS

1 _____
2 _____
3 _____

ALBUMS

1 _____
2 _____
3 _____

MUSIC VIDEOS

1 _____
2 _____
3 _____

COLLABS

1 _____
2 _____
3 _____

FAVORITE LYRIC: _____

NOTES/FACTS/DOODLES:

ARTIST:

COMPANY: _____

DEBUT DATE: _____

DEBUT SONG: _____

FANDOM: _____

LATEST
COMEBACK: _____

BIRTHDAY: _____

ZODIAC SIGN: _____

NATIONALITY: _____

COLLABS: _____

_____

_____

_____

LOGO

LIGHTSTICK

MY RANKINGS:

SONGS

1 _____

2 _____

3 _____

ALBUMS

1 _____

2 _____

3 _____

MUSIC VIDEOS

1 _____

2 _____

3 _____

COLLABS

1 _____

2 _____

3 _____

FAVORITE LYRIC: _____

NOTES/FACTS/DOODLES:

ARTIST: _____

COMPANY: _____
DEBUT DATE: _____
DEBUT SONG: _____
FANDOM: _____
LATEST
COMEBACK: _____
BIRTHDAY: _____
ZODIAC SIGN: _____
NATIONALITY: _____
COLLABS: _____
_____
_____
_____

LOGO

LIGHTSTICK

MY RANKINGS:

SONGS

1 _____
2 _____
3 _____

ALBUMS

1 _____
2 _____
3 _____

MUSIC VIDEOS

1 _____
2 _____
3 _____

COLLABS

1 _____
2 _____
3 _____

FAVORITE LYRIC: _____

NOTES/FACTS/DOODLES:

ARTIST:

COMPANY: _____

DEBUT DATE: _____

DEBUT SONG: _____

FANDOM: _____

LATEST
COMEBACK: _____

BIRTHDAY: _____

ZODIAC SIGN: _____

NATIONALITY: _____

COLLABS: _____

_____

_____

_____

LOGO

LIGHTSTICK

MY RANKINGS:

SONGS

1 _____

2 _____

3 _____

ALBUMS

1 _____

2 _____

3 _____

MUSIC VIDEOS

1 _____

2 _____

3 _____

COLLABS

1 _____

2 _____

3 _____

FAVORITE LYRIC: _____

NOTES/FACTS/DOODLES:

ARTIST:

COMPANY: _____

DEBUT DATE: _____

DEBUT SONG: _____

FANDOM: _____

LATEST
COMEBACK: _____

BIRTHDAY: _____

ZODIAC SIGN: _____

NATIONALITY: _____

COLLABS: _____
_____
_____
_____
_____

LOGO

LIGHTSTICK

MY RANKINGS:

SONGS

1 _____

2 _____

3 _____

ALBUMS

1 _____

2 _____

3 _____

MUSIC VIDEOS

1 _____

2 _____

3 _____

COLLABS

1 _____

2 _____

3 _____

FAVORITE LYRIC: _____

NOTES/FACTS/DOODLES:

ARTIST: _____

COMPANY: _____

DEBUT DATE: _____

DEBUT SONG: _____

FANDOM: _____

LATEST COMEBACK: _____

BIRTHDAY: _____

ZODIAC SIGN: _____

NATIONALITY: _____

COLLABS: _____
_____
_____
_____
_____

LOGO

LIGHTSTICK

MY RANKINGS:

SONGS
1 _____
2 _____
3 _____

ALBUMS
1 _____
2 _____
3 _____

MUSIC VIDEOS
1 _____
2 _____
3 _____

COLLABS
1 _____
2 _____
3 _____

FAVORITE LYRIC: _____

NOTES/FACTS/DOODLES:

ARTIST:

COMPANY: _____

DEBUT DATE: _____

DEBUT SONG: _____

FANDOM: _____

LATEST
COMEBACK: _____

BIRTHDAY: _____

ZODIAC SIGN: _____

NATIONALITY: _____

COLLABS: _____

_____

_____

_____

_____

LOGO

LIGHTSTICK

MY RANKINGS:

SONGS

1 _____

2 _____

3 _____

ALBUMS

1 _____

2 _____

3 _____

MUSIC VIDEOS

1 _____

2 _____

3 _____

COLLABS

1 _____

2 _____

3 _____

FAVORITE LYRIC: _____

NOTES/FACTS/DOODLES:

ARTIST: _____

COMPANY: _____

DEBUT DATE: _____

DEBUT SONG: _____

FANDOM: _____

LATEST
COMEBACK: _____

BIRTHDAY: _____

ZODIAC SIGN: _____

NATIONALITY: _____

COLLABS: _____

_____

_____

_____

LOGO

LIGHTSTICK

MY RANKINGS:

SONGS
1 _____
2 _____
3 _____

ALBUMS
1 _____
2 _____
3 _____

MUSIC VIDEOS
1 _____
2 _____
3 _____

COLLABS
1 _____
2 _____
3 _____

FAVORITE LYRIC: _____

NOTES/FACTS/DOODLES:

ARTIST:

COMPANY: _____

DEBUT DATE: _____

DEBUT SONG: _____

FANDOM: _____

LATEST COMEBACK: _____

BIRTHDAY: _____

ZODIAC SIGN: _____

NATIONALITY: _____

COLLABS: _____

_____

_____

_____

LOGO

LIGHTSTICK

MY RANKINGS:

SONGS

1 _____

2 _____

3 _____

ALBUMS

1 _____

2 _____

3 _____

MUSIC VIDEOS

1 _____

2 _____

3 _____

COLLABS

1 _____

2 _____

3 _____

FAVORITE LYRIC: _____

NOTES/FACTS/DOODLES:

ARTIST: _____

COMPANY: _____

DEBUT DATE: _____

DEBUT SONG: _____

FANDOM: _____

LATEST
COMEBACK: _____

BIRTHDAY: _____

ZODIAC SIGN: _____

NATIONALITY: _____

COLLABS: _____

_____

_____

_____

LOGO

LIGHTSTICK

MY RANKINGS:

SONGS

1 _____

2 _____

3 _____

MUSIC VIDEOS

1 _____

2 _____

3 _____

ALBUMS

1 _____

2 _____

3 _____

COLLABS

1 _____

2 _____

3 _____

FAVORITE LYRIC: _____

NOTES/FACTS/DOODLES:

ALBUM REVIEWS

ALBUM REVIEW

GROUP/ARTIST: _____

ALBUM TITLE: _____

RELEASE DATE: _____

TITLE TRACK: _____

MY RATING:

/ 10

TRACKLIST:
_____
_____
_____
_____
_____
_____
_____
_____
_____
_____
_____
_____

MY TOP 3 TRACKS:

1 _____
2 _____
3 _____

FAVORITE LYRIC:

NOTES/FACTS/DOODLES:

ALBUM REVIEW

GROUP/ARTIST: _____

ALBUM TITLE: _____

RELEASE DATE: _____

TITLE TRACK: _____

MY
RATING:

/ 10

TRACKLIST:
_____
_____
_____
_____
_____
_____
_____
_____
_____
_____
_____
_____
_____

MY TOP 3
TRACKS:

1 _____

2 _____

3 _____

FAVORITE LYRIC:

NOTES/FACTS/DOODLES:

ALBUM REVIEW

GROUP/ARTIST: _____

ALBUM TITLE: _____

RELEASE DATE: _____

TITLE TRACK: _____

MY RATING:

/ 10

TRACKLIST: _____
_____
_____
_____
_____
_____
_____
_____
_____
_____
_____
_____

MY TOP 3 TRACKS:

1 _____

2 _____

3 _____

FAVORITE LYRIC:

NOTES/FACTS/DOODLES:

ALBUM REVIEW

GROUP/ARTIST: _____

ALBUM TITLE: _____

RELEASE DATE: _____

TITLE TRACK: _____

MY RATING:

/ 10

TRACKLIST: _____

_____

_____

_____

_____

_____

_____

_____

_____

_____

_____

_____

MY TOP 3 TRACKS:

1 _____

2 _____

3 _____

FAVORITE LYRIC:

NOTES/FACTS/DOODLES:

ALBUM REVIEW

MY RATING:

GROUP/ARTIST: _____

ALBUM TITLE: _____

RELEASE DATE: _____

TITLE TRACK: _____

/ 10

TRACKLIST:

_____

_____

_____

_____

_____

_____

_____

_____

_____

_____

_____

_____

MY TOP 3 TRACKS:

1 _____

2 _____

3 _____

FAVORITE LYRIC:

NOTES/FACTS/DOODLES:

ALBUM REVIEW

GROUP/ARTIST: _____

ALBUM TITLE: _____

RELEASE DATE: _____

TITLE TRACK: _____

MY RATING:

/ 10

TRACKLIST:
_____
_____
_____
_____
_____
_____
_____
_____
_____
_____
_____
_____
_____

MY TOP 3 TRACKS:

1 _____

2 _____

3 _____

FAVORITE LYRIC:

NOTES/FACTS/DOODLES:

ALBUM REVIEW

GROUP/ARTIST: _____

ALBUM TITLE: _____

RELEASE DATE: _____

TITLE TRACK: _____

MY
RATING:

/ 10

TRACKLIST: _____

_____

_____

_____

_____

_____

_____

_____

_____

_____

_____

_____

_____

MY TOP 3
TRACKS:

1 _____

2 _____

3 _____

FAVORITE LYRIC:

NOTES/FACTS/DOODLES:

ALBUM REVIEW

GROUP/ARTIST: _____

MY RATING:

ALBUM TITLE: _____

RELEASE DATE: _____

/ 10

TITLE TRACK: _____

TRACKLIST: _____

_____

_____

_____

_____

_____

_____

_____

_____

_____

_____

_____

_____

MY TOP 3 TRACKS:

1 _____

2 _____

3 _____

FAVORITE LYRIC:

NOTES/FACTS/DOODLES:

ALBUM REVIEW

GROUP/ARTIST: _____

ALBUM TITLE: _____

RELEASE DATE: _____

TITLE TRACK: _____

MY RATING:

/ 10

TRACKLIST: _____
_____
_____
_____
_____
_____
_____
_____
_____
_____
_____
_____

MY TOP 3 TRACKS:

1 _____

2 _____

3 _____

FAVORITE LYRIC:

NOTES/FACTS/DOODLES:

ALBUM REVIEW

GROUP/ARTIST: _____

ALBUM TITLE: _____

RELEASE DATE: _____

TITLE TRACK: _____

MY RATING:

/ 10

TRACKLIST: _____
_____
_____
_____
_____
_____
_____
_____
_____
_____
_____
_____
_____
_____

MY TOP 3 TRACKS:

1 _____
2 _____
3 _____

FAVORITE LYRIC:

NOTES/FACTS/DOODLES:

ALBUM REVIEW

GROUP/ARTIST: _____

ALBUM TITLE: _____

RELEASE DATE: _____

TITLE TRACK: _____

MY
RATING:

/ 10

TRACKLIST: _____
_____
_____
_____
_____
_____
_____
_____
_____
_____
_____
_____
_____

MY TOP 3
TRACKS:

1 _____
2 _____
3 _____

FAVORITE LYRIC:

NOTES/FACTS/DOODLES:

ALBUM REVIEW

GROUP/ARTIST: _____

ALBUM TITLE: _____

RELEASE DATE: _____

TITLE TRACK: _____

MY RATING:

/ 10

TRACKLIST: _____
_____
_____
_____
_____
_____
_____
_____
_____
_____
_____
_____
_____

MY TOP 3 TRACKS:

1 _____

2 _____

3 _____

FAVORITE LYRIC:

NOTES/FACTS/DOODLES:

ALBUM REVIEW

GROUP/ARTIST: _____

ALBUM TITLE: _____

RELEASE DATE: _____

TITLE TRACK: _____

MY RATING:

/ 10

TRACKLIST: _____
_____
_____
_____
_____
_____
_____
_____
_____
_____
_____
_____

MY TOP 3 TRACKS:

1 _____
2 _____
3 _____

FAVORITE LYRIC:

NOTES/FACTS/DOODLES:

ALBUM REVIEW

GROUP/ARTIST: _____

ALBUM TITLE: _____

RELEASE DATE: _____

TITLE TRACK: _____

MY RATING:

/ 10

TRACKLIST: _____
_____
_____
_____
_____
_____
_____
_____
_____
_____
_____
_____
_____

MY TOP 3 TRACKS:

1 _____

2 _____

3 _____

FAVORITE LYRIC:

NOTES/FACTS/DOODLES:

사랑해

SARANGHAE

CURRENT PLAYLIST

DATE:

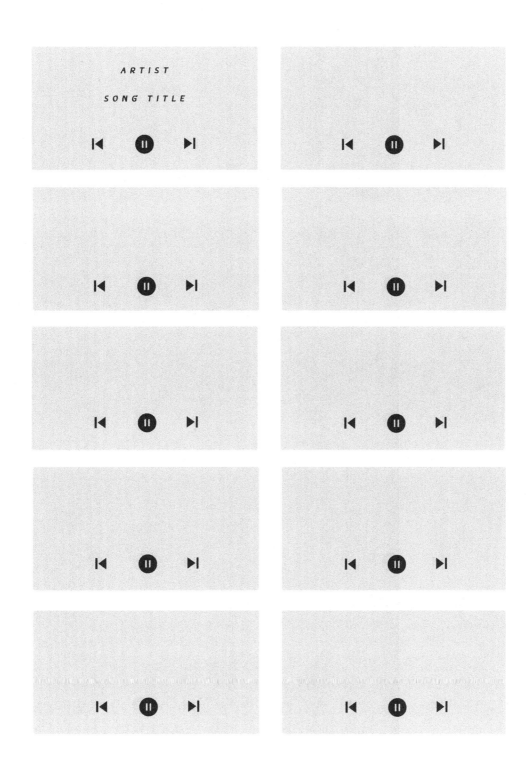

DATE:

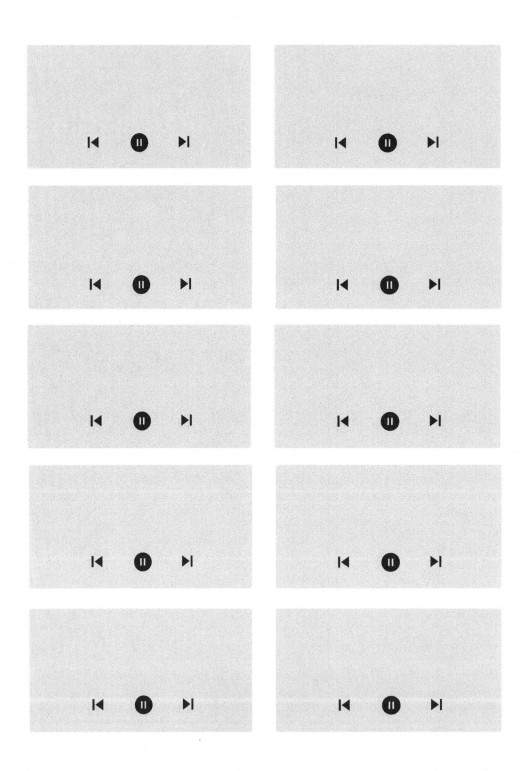

CURRENT PLAYLIST

DATE:

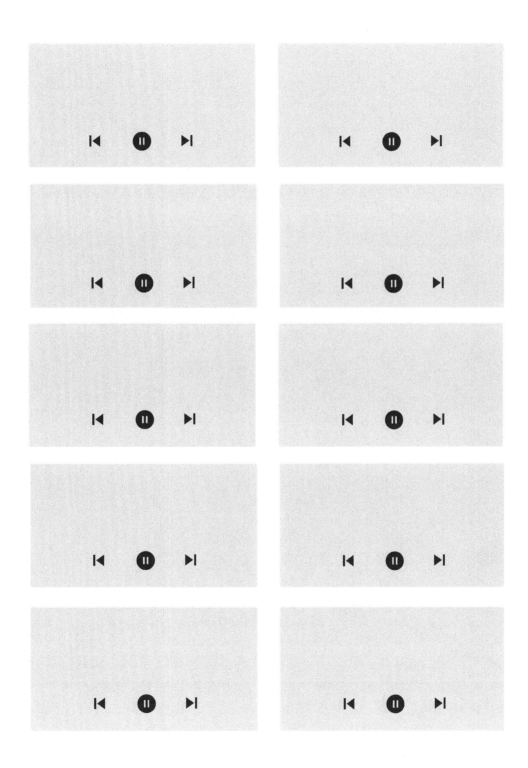

CURRENT PLAYLIST

DATE:

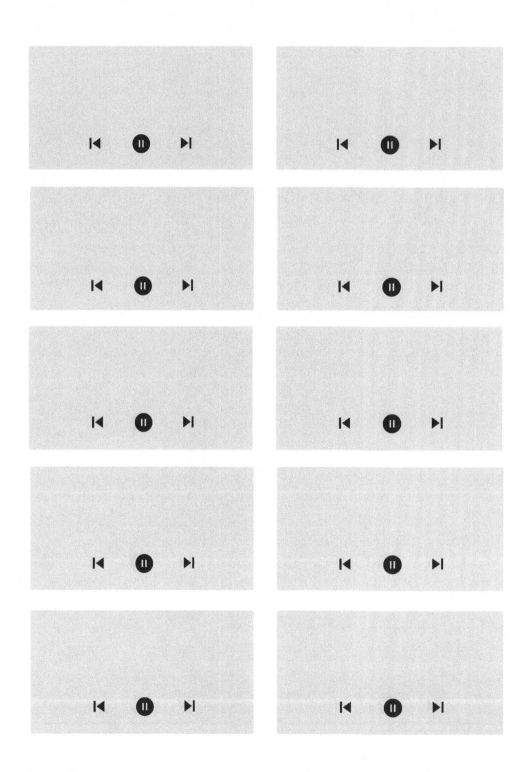

CURRENT PLAYLIST

DATE:

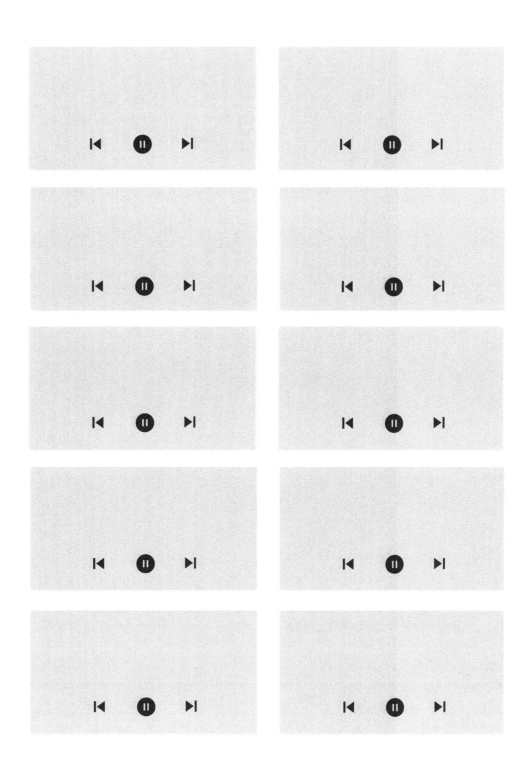

DATE:

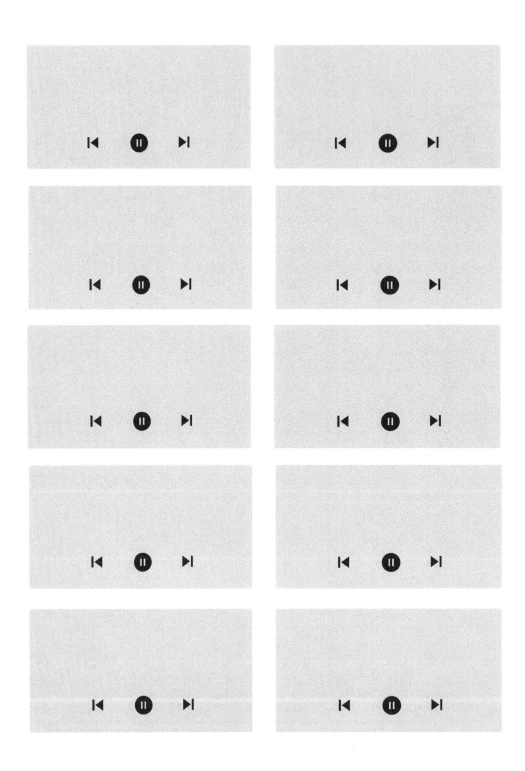

CURRENT PLAYLIST

DATE:

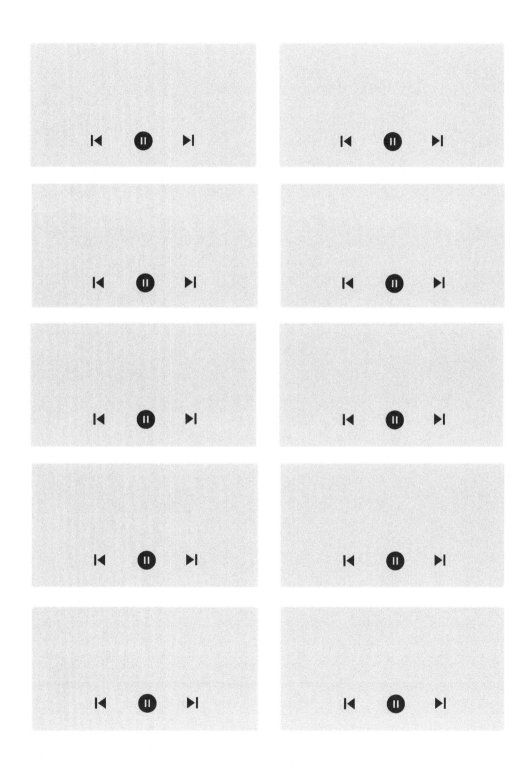

CURRENT PLAYLIST

DATE:

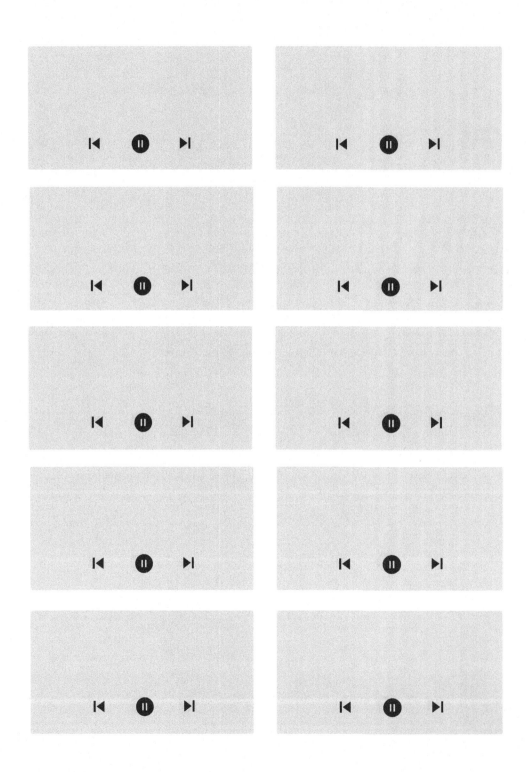

DATE:

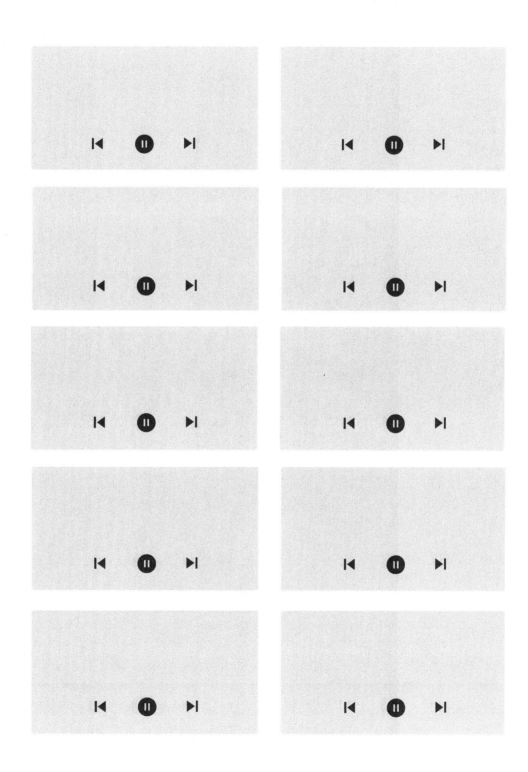

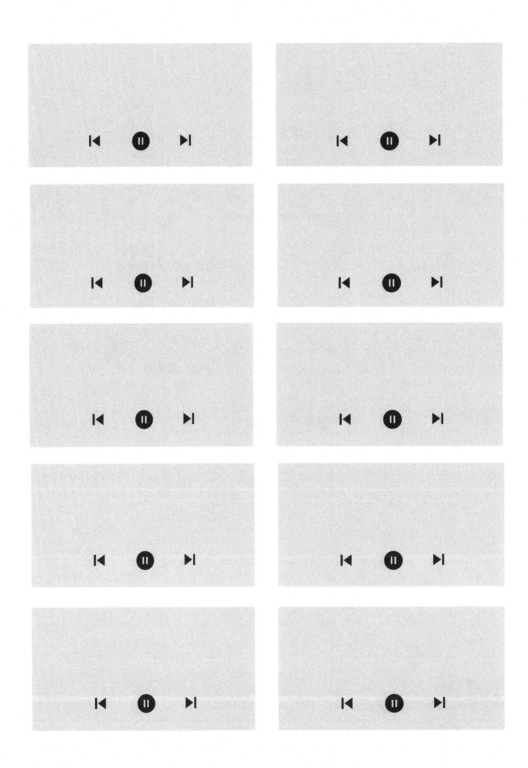

CURRENT PLAYLIST

DATE:

DATE:

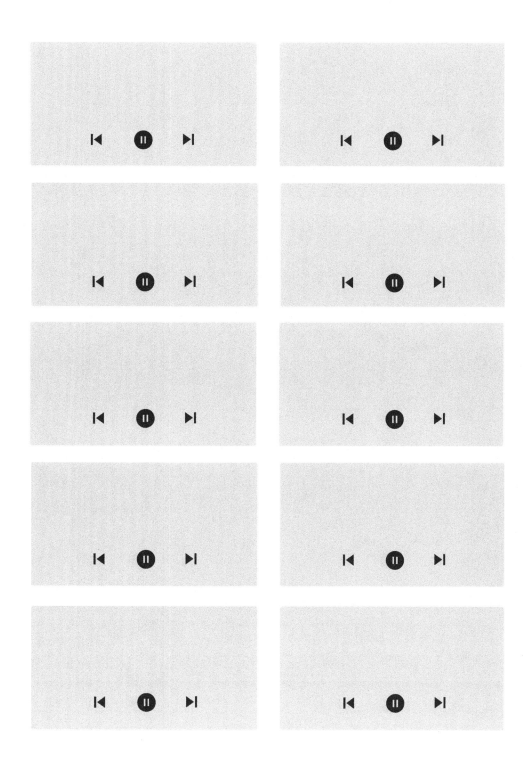

CURRENT PLAYLIST

DATE:

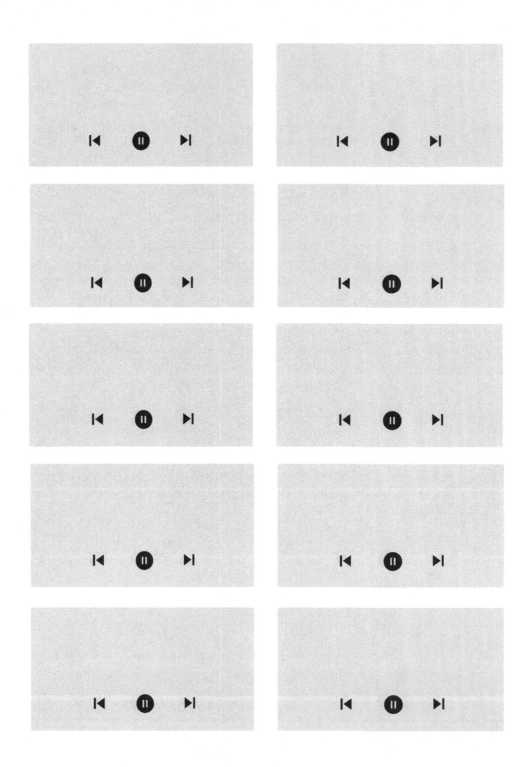

CURRENT PLAYLIST

DATE:

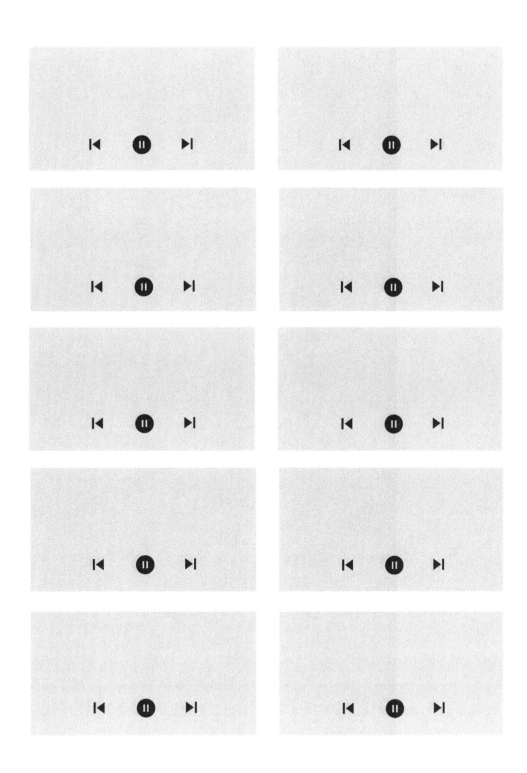

CURRENT PLAYLIST

DATE:

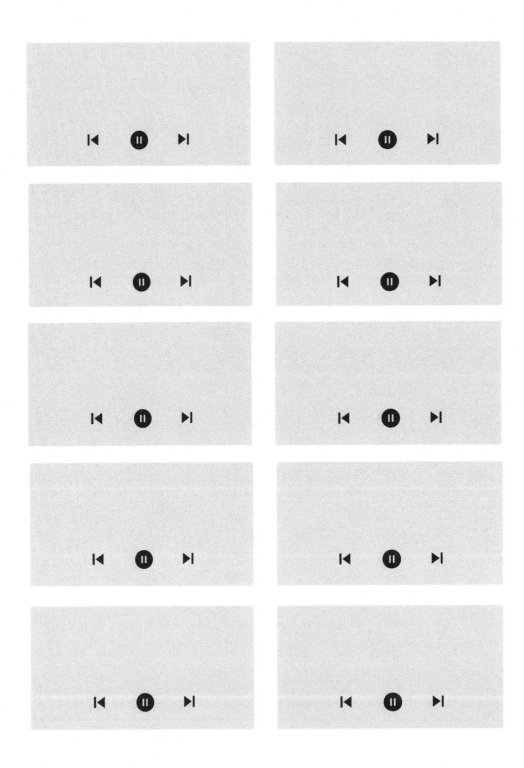

Maknae

VISUAL

BIAS

lightstick

aegyo

FAN CHANT

COMEBACK

DAEBAK

fighting!

LEADER

FANDOM

DAESANG

killing part

ANDWAE

BIAS WRECKER

beagle

hallyu

awa

idol

ALL-KILL

BIRTHDAYS +
DEBUT ANNIVERSARIES

JANUARY

1 _____
2 _____
3 _____
4 _____
5 _____
6 _____
7 _____
8 _____
9 _____
10 _____
11 _____
12 _____
13 _____
14 _____
15 _____
16 _____
17 _____
18 _____
19 _____
20 _____
21 _____
22 _____
23 _____
24 _____
25 _____
26 _____
27 _____
28 _____
29 _____
30 _____
31 _____

FEBRUARY

1 _____
2 _____
3 _____
4 _____
5 _____
6 _____
7 _____
8 _____
9 _____
10 _____
11 _____
12 _____
13 _____
14 _____
15 _____
16 _____
17 _____
18 _____
19 _____
20 _____
21 _____
22 _____
23 _____
24 _____
25 _____
26 _____
27 _____
28 _____

BIRTHDAYS + DEBUT ANNIVERSARIES

MARCH

1 _____
2 _____
3 _____
4 _____
5 _____
6 _____
7 _____
8 _____
9 _____
10 _____
11 _____
12 _____
13 _____
14 _____
15 _____
16 _____
17 _____
18 _____
19 _____
20 _____
21 _____
22 _____
23 _____
24 _____
25 _____
26 _____
27 _____
28 _____
29 _____
30 _____
31 _____

APRIL

1 _____
2 _____
3 _____
4 _____
5 _____
6 _____
7 _____
8 _____
9 _____
10 _____
11 _____
12 _____
13 _____
14 _____
15 _____
16 _____
17 _____
18 _____
19 _____
20 _____
21 _____
22 _____
23 _____
24 _____
25 _____
26 _____
27 _____
28 _____
29 _____
30 _____

BIRTHDAYS +
DEBUT ANNIVERSARIES

MAY	JUNE
1 _____	1 _____
2 _____	2 _____
3 _____	3 _____
4 _____	4 _____
5 _____	5 _____
6 _____	6 _____
7 _____	7 _____
8 _____	8 _____
9 _____	9 _____
10 _____	10 _____
11 _____	11 _____
12 _____	12 _____
13 _____	13 _____
14 _____	14 _____
15 _____	15 _____
16 _____	16 _____
17 _____	17 _____
18 _____	18 _____
19 _____	19 _____
20 _____	20 _____
21 _____	21 _____
22 _____	22 _____
23 _____	23 _____
24 _____	24 _____
25 _____	25 _____
26 _____	26 _____
27 _____	27 _____
28 _____	28 _____
29 _____	29 _____
30 _____	30 _____
31 _____	

BIRTHDAYS +
DEBUT ANNIVERSARIES

JULY	AUGUST
1 _____	1 _____
2 _____	2 _____
3 _____	3 _____
4 _____	4 _____
5 _____	5 _____
6 _____	6 _____
7 _____	7 _____
8 _____	8 _____
9 _____	9 _____
10 _____	10 _____
11 _____	11 _____
12 _____	12 _____
13 _____	13 _____
14 _____	14 _____
15 _____	15 _____
16 _____	16 _____
17 _____	17 _____
18 _____	18 _____
19 _____	19 _____
20 _____	20 _____
21 _____	21 _____
22 _____	22 _____
23 _____	23 _____
24 _____	24 _____
25 _____	25 _____
26 _____	26 _____
27 _____	27 _____
28 _____	28 _____
29 _____	29 _____
30 _____	30 _____
31 _____	31 _____

BIRTHDAYS + DEBUT ANNIVERSARIES

SEPTEMBER

1 _____
2 _____
3 _____
4 _____
5 _____
6 _____
7 _____
8 _____
9 _____
10 _____
11 _____
12 _____
13 _____
14 _____
15 _____
16 _____
17 _____
18 _____
19 _____
20 _____
21 _____
22 _____
23 _____
24 _____
25 _____
26 _____
27 _____
28 _____
29 _____
30 _____

OCTOBER

1 _____
2 _____
3 _____
4 _____
5 _____
6 _____
7 _____
8 _____
9 _____
10 _____
11 _____
12 _____
13 _____
14 _____
15 _____
16 _____
17 _____
18 _____
19 _____
20 _____
21 _____
22 _____
23 _____
24 _____
25 _____
26 _____
27 _____
28 _____
29 _____
30 _____
31 _____

BIRTHDAYS +
DEBUT ANNIVERSARIES

NOVEMBER

1 _____
2 _____
3 _____
4 _____
5 _____
6 _____
7 _____
8 _____
9 _____
10 _____
11 _____
12 _____
13 _____
14 _____
15 _____
16 _____
17 _____
18 _____
19 _____
20 _____
21 _____
22 _____
23 _____
24 _____
25 _____
26 _____
27 _____
28 _____
29 _____
30 _____

DECEMBER

1 _____
2 _____
3 _____
4 _____
5 _____
6 _____
7 _____
8 _____
9 _____
10 _____
11 _____
12 _____
13 _____
14 _____
15 _____
16 _____
17 _____
18 _____
19 _____
20 _____
21 _____
22 _____
23 _____
24 _____
25 _____
26 _____
27 _____
28 _____
29 _____
30 _____
31 _____

LOGO DOODLE CHALLENGE

1. _____

2. _____

3. _____

4. _____

5. _____

6. _____

7. _____

8. _____

9. _____

10. _____

11. _____

12. _____

13. _____

14. _____

15. _____

16. _____

17. _____

18. _____

19. _____

20. _____

21. _____

22. _____

23. _____

24. _____

25. _____

26. _____

27. _____

28. _____

29. _____

30. _____

COMEBACK CALENDAR

MONTH:

1	2	3	4	5	6	7
8	9	10	11	12	13	14
15	16	17	18	19	20	21
22	23	24	25	26	27	28
29	30	31				

MONTH:

1	2	3	4	5	6	7
8	9	10	11	12	13	14
15	16	17	18	19	20	21
22	23	24	25	26	27	28
29	30	31				

COMEBACK CALENDAR

MONTH:

1	2	3	4	5	6	7
8	9	10	11	12	13	14
15	16	17	18	19	20	21
22	23	24	25	26	27	28
29	30	31				

MONTH:

1	2	3	4	5	6	7
8	9	10	11	12	13	14
15	16	17	18	19	20	21
22	23	24	25	26	27	28
29	30	31				

COMEBACK CALENDAR

MONTH:

1	2	3	4	5	6	7
8	9	10	11	12	13	14
15	16	17	18	19	20	21
22	23	24	25	26	27	28
29	30	31				

MONTH:

1	2	3	4	5	6	7
8	9	10	11	12	13	14
15	16	17	18	19	20	21
22	23	24	25	26	27	28
29	30	31				

COMEBACK CALENDAR

MONTH:

1	2	3	4	5	6	7
8	9	10	11	12	13	14
15	16	17	18	19	20	21
22	23	24	25	26	27	28
29	30	31				

MONTH:

1	2	3	4	5	6	7
8	9	10	11	12	13	14
15	16	17	18	19	20	21
22	23	24	25	26	27	28
29	30	31				

COMEBACK CALENDAR

MONTH:

1	2	3	4	5	6	7
8	9	10	11	12	13	14
15	16	17	18	19	20	21
22	23	24	25	26	27	28
29	30	31				

MONTH:

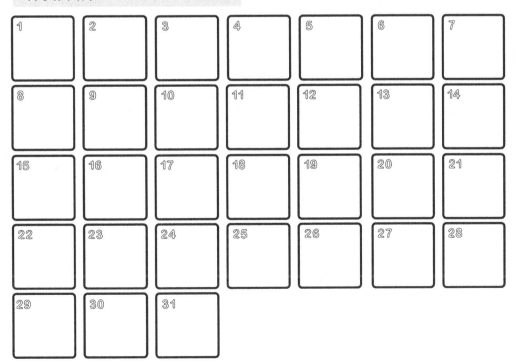

1	2	3	4	5	6	7
8	9	10	11	12	13	14
15	16	17	18	19	20	21
22	23	24	25	26	27	28
29	30	31				

COMEBACK CALENDAR

MONTH:

1	2	3	4	5	6	7
8	9	10	11	12	13	14
15	16	17	18	19	20	21
22	23	24	25	26	27	28
29	30	31				

MONTH:

1	2	3	4	5	6	7
8	9	10	11	12	13	14
15	16	17	18	19	20	21
22	23	24	25	26	27	28
29	30	31				

AWARDS OF THE YEAR

SONG OF THE YEAR

1 _____
2 _____
3 _____

ALBUM OF THE YEAR

1 _____
2 _____
3 _____

GROUP (MALE)

1 _____
2 _____
3 _____

GROUP (FEMALE)

1 _____
2 _____
3 _____

SOLO ARTIST (MALE)

1 _____
2 _____
3 _____

SOLO ARTIST (FEMALE)

1 _____
2 _____
3 _____

ROOKIE (MALE GROUP)

1 _____
2 _____
3 _____

ROOKIE (FEMALE GROUP)

1 _____
2 _____
3 _____

ROOKIE (MALE SOLO)

1 _____
2 _____
3 _____

ROOKIE (FEMALE SOLO)

1 _____
2 _____
3 _____

MUSIC VIDEO

1 _____
2 _____
3 _____

FANDOM

1 _____
2 _____
3 _____

CHOREOGRAPHY (MALE GROUP)

1 _____
2 _____
3 _____

CHOREOGRAPHY (FEMALE GROUP)

1 _____
2 _____
3 _____

CHOREOGRAPHY (MALE SOLO)

1 _____
2 _____
3 _____

CHOREOGRAPHY (FEMALE SOLO)

1 _____
2 _____
3 _____

RAP PERFORMANCE

1 _____
2 _____
3 _____

VOCAL PERFORMANCE

1 _____
2 _____
3 _____

BAND PERFORMANCE

1 _____
2 _____
3 _____

COLABORATION

1 _____
2 _____
3 _____

NOTES

NOTES

NOTES

NOTES

NOTES

NOTES

NOTES

NOTES

NOTES

NOTES

NOTES

NOTES

NOTES

NOTES

NOTES

NOTES

NOTES

NOTES

NOTES

NOTES

Made in the USA
Coppell, TX
09 February 2025

45630941R00077